Das Licht kam in die Welt

Die schönsten Weihnachtsgeschichten

Illustriert von Ludwig Richter

benno

Zusammengestellt und herausgegeben von Volker Bauch

Bibliografische Information Der Deutschen Bibliothek
Die Deutsche Bibliothek verzeichnet diese Publikation in der Deutschen Nationalbibliografie; detaillierte bibliografische Informationen sind im Internet über http://dnb.ddb.de abrufbar.

ISBN 3-7462-1547-1

2. Auflage 2003

04159 Leipzig, Stammerstr. 11
www.st-benno.de
Umschlaggestaltung: Ulrike Vetter, Leipzig
Gesamtherstellung: Arnold & Domnick, Leipzig

INHALTSVERZEICHNIS

LIEBER HOPPELPOPPEL –
WO BIST DU? welt 56
Hans Fallada

DIE BIBLISCHE WEIHNACHTS-GESCHICHTE

Martin Luther

Es begab sich aber zu der Zeit, dass ein Gebot vom Kaiser Augustus ausging, dass alle Welt geschätzet würde.

Und diese Schätzung war die allererste, und geschah zu der Zeit, da Cyrenius Landpfleger in Syrien war.

Und Jedermann ging, dass er sich schätzen ließe, ein Jeglicher in seine Stadt.

Da machte sich auch auf Joseph aus Galiläa, aus der Stadt Nazareth, in das jüdische Land, zur Stadt Davids, die da heißt Bethlehem, darum, dass er aus dem Hause und Geschlecht Davids war, auf dass er sich schätzen ließe mit Maria, seinem vertrauten Weibe. Die war schwanger.

Und als sie daselbst waren, kam die Zeit, dass sie gebären sollte.

Und sie gebar ihren ersten Sohn, und wickelte ihn in Windeln, und legte ihn in eine Krippe, denn sie hatten sonst keinen Raum in der Herberge.

Und es waren Hirten in derselbigen Gegend auf dem Felde bei den Hürden, die hüteten des Nachts ihrer Herde.

Und siehe, des Herrn Engel trat zu ihnen, und die Klarheit des Herrn leuchtete um sie, und sie fürchteten sich sehr.

Und der Engel sprach zu ihnen: Fürchtet euch nicht; siehe, ich verkündige euch große Freude, die allem Volk widerfahren wird;

denn euch ist heute der Heiland geboren, welcher ist Christus der Herr, in der Stadt Davids.

Und das habt zum Zeichen: Ihr werdet finden das Kind in Windeln gewickelt und in einer Krippe liegend.

Und alsobald war da bei dem Engel die Menge der himmlischen Heerscharen, die lobeten Gott und sprachen:

Ehre sei Gott in der Höhe, und Friede auf Erden, und den Menschen ein Wohlgefallen.

Und da die Engel von ihnen gen Himmel fuhren, sprachen die Hirten untereinander: Lasst uns nun gehen gen Bethlehem und die Geschichte sehen, die da geschehen ist, die uns der Herr kundgetan hat.

Und sie kamen eilend und fanden beide, Maria und Joseph, dazu das Kind in der Krippe liegend.

Da sie es aber gesehen hatten, breiteten sie das Wort aus, welches zu ihnen von diesem Kinde gesagt war.

Und Alle, vor die es kam, wunderten sich der Rede, die ihnen die Hirten gesagt hatten.

Maria aber behielt alle diese Worte und bewegte sie in ihrem Herzen.

Und die Hirten kehreten wieder um, priesen und lobten Gott um Alles, das sie gehöret und gesehen hatten, wie denn zu ihnen gesagt war.

Nach Lukas 2,1-20

DER GOLDENE SCHLÜSSEL

Brüder Grimm

Zur Winterszeit, als einmal ein tiefer Schnee lag, musste ein armer Junge hinausgehen und Holz auf einem Schlitten holen.

Wie er es nun zusammengesucht und aufgeladen hatte, wollte er, weil er so erfroren war, noch nicht nach Hause gehen, sondern erst Feuer anmachen und sich ein bisschen wärmen. Da scharrte er den Schnee weg, und wie er so den Erdboden aufräumte, fand er einen kleinen goldenen Schlüssel.

Nun glaubte er, wo der Schlüssel wäre, müsste auch das Schloss dazu sein, grub in der Erde und fand ein eisernes Kästchen. »Wenn der Schlüssel nur passt!« dachte er, »es sind gewiss kostbare Sachen in dem Kästchen.« Er suchte, aber es war kein Schlüsselloch da; endlich entdeckte er eines, aber so klein, dass man es kaum sehen konnte. Er probierte, und der Schlüssel passte glücklich. Da drehte er einmal herum, und nun müssen wir warten, bis er vollends aufgeschlossen und den Deckel aufgemacht hat, dann werden wir erfahren, was für wunderbare Sachen in dem Kästchen lagen.

DIE STERNTALER

Brüder Grimm

Es war einmal ein kleines Mädchen, dem waren Vater und Mutter gestorben, und es war so arm, dass es kein Kämmerchen mehr hatte, darin zu schlafen, und endlich gar nichts mehr als die Kleider auf dem Leib und ein Stückchen Brot in der Hand, das ihm ein mitleidiges Herz geschenkt hatte. Es war aber gut und fromm. Und weil es so von aller Welt verlassen war, ging es im Vertrauen auf den lieben Gott hinaus ins Feld.

Da begegnete ihm ein armer Mann, der sprach: »Ach, gib mir etwas zu essen, ich bin so hungrig.« Es

reichte ihm das ganze Stückchen Brot und sagte: »Gott segne dir's«, und ging weiter.

Da kam ein Kind, das jammerte und sprach: »Es friert mich so an meinem Kopf, schenk mir etwas, womit ich mich bedecken kann.« Da tat es seine Mütze ab und gab sie ihm.

Und als es noch eine Weile gegangen war, kam wieder ein Kind und hatte kein Leibchen an und fror, da gab es ihm seins; und noch weiter, da bat eins um ein Röcklein, das gab es auch von sich hin.

Endlich gelangte es in einen Wald, und es war schon dunkel geworden, da kam noch eins und bat um ein Hemdlein, und das fromme Mädchen dachte: Es ist dunkle Nacht, da sieht dich niemand, da kannst du wohl dein Hemd weggeben, und es gab es auch noch hin.

Und wie es so stand und gar nichts mehr hatte, fielen auf einmal die Sterne vom Himmel und waren lauter harte, blanke Taler; und ob es gleich sein Hemdlein weggegeben, so hatte es ein neues an, und das war von allerfeinstem Linnen. Da sammelte es sich die Taler hinein und war reich für sein Lebtag.

DIE HASELRUTE

Brüder Grimm

Eines Nachmittags hatte sich das Christkind in sein Wiegenbett gelegt und war eingeschlafen, da trat seine Mutter heran, sah es voll Freude an und sprach: »Hast du dich schlafen gelegt, mein Kind? Schlaf sanft, ich will derweil in den Wald gehen und eine Handvoll Erdbeeren für dich holen; ich weiß wohl, du freust dich darüber, wenn du aufgewacht bist.«

Draußen im Wald fand sie einen Platz mit den schönsten Erdbeeren, als sie sich aber herabbückte, um eine zu brechen, so springt aus dem Gras eine Natter in die Höhe. Sie erschrickt, lässt die Beere ste-

hen und eilt hinweg. Die Natter schießt ihr nach, aber die Mutter Gottes, das könnt ihr denken, weiß guten Rat, sie versteckt sich hinter einer Haselstaude und bleibt da stehen, bis die Natter sich wieder verkrochen hat. Sie sammelt dann die Beeren, und als sie sich auf den Heimweg macht, spricht sie: »Wie die Haselstaude diesmal mein Schutz gewesen ist, so soll sie es auch in Zukunft andern Menschen sein.«

Darum ist seit den ältesten Zeiten ein grüner Haselzweig gegen Nattern, Schlangen und was sonst auf der Erde kriecht der sicherste Schutz.

JESUS – DAS LICHT DER WELT

Wilhelm Busch

Alle Jahre wiederholt sich in meiner Familie vor Weihnachten ein neckisches Spiel. Jeder versichert dem anderen: »In diesem Jahr habe ich leider gar kein rechtes Geschenk für dich!« Und wenn dann die Bescherung kommt, findet man erstaunlicherweise schöne und liebevolle Überraschungen.

Genau umgekehrt hat es Gott gemacht. Jahrhundertelang hat er mitgeteilt, dass er ein wundervolles Weihnachtsgeschenk geben wolle. Durch den Mund der Propheten hat er dieses Geschenk in allen Einzelheiten beschreiben lassen. Und als endlich die Zeit erfüllt war, da hieß es: »Lobt Gott, ihr Christen allzugleich, in seinem höchsten Thron, der heut schleußt auf sein Himmelreich und schenkt uns seinen Sohn.«

Doch trotz aller Erklärungen und Vorbereitungen Gottes stehen wir mit unseren stumpfen Sinnen immer wieder so verständnislos vor diesem Geschenk Gottes. Darum lasst uns einmal darauf achten, dass in der Weihnachtsgeschichte ein Zeichen vorkommt, durch das Gott uns selber sein Geschenk erklärt:

Das war das Allererste, was die Hirten auf dem Felde von dem großen Ereignis erfuhren, dass die

Klarheit des Herrn sie umleuchtete und die Nacht taghell wurde. Ehe der Engel den Mund aufmachte, wurde an diesem Zeichen deutlich gemacht: Jetzt ist in die Nacht der Welt das helle Licht gekommen.

Das Kind, das da in der Krippe lag, ist das Licht in der Nacht der Welt.

Dass es wirklich von Gott so gemeint ist, kann man daran sehen, dass diese erleuchtete Nacht ihr Gegenstück hat: den verdunkelten Tag. Es geschah nämlich einmal, dass der helle Tag zur Nacht wurde. Und das war in der Stunde, als dieser Jesus starb und sein Leben verlöschte am Kreuz. Da verlor die Sonne den Schein.

Also: Gott gibt seinen Sohn zum Licht in die Nacht der Welt. Lasst mich nicht von der Finsternis reden. Den meisten Menschen gefällt sie. Eulen finden ja auch die Nacht ganz hübsch. Lasst mich reden davon, dass in der ersten Weihnachtsnacht der Welt das Licht aufging. Jesus sagt selbst: »Ich bin das Licht der Welt. Wer mir nachfolgt, wird nicht wandeln in der Finsternis, sondern wird das Licht des Lebens haben.« Lasst uns nur recht in das Licht des Heilandes hineingehen!

Die taghell erleuchtete Nacht also ist ein Symbol für Gottes Geschenk: Jesus – das Licht der Welt.

DER WOLF AN DER KRIPPE

Es war einmal ein Wolf. Er lebte in der Gegend von Betlehem. Die Hirten wussten um seine Gefährlichkeit und waren allabendlich damit beschäftigt, ihre Schafe vor ihm in Sicherheit zu bringen. Stets hatte einer von ihnen Wache zu halten, denn der Wolf war hungrig und listig.

Es war in der heiligen Nacht. Eben war der wundersame Gesang der Engel verstummt.

Ein Kind sollte geboren worden sein, ein Knäblein. Der Wolf wunderte sich sehr, dass die rauhen Hirten allesamt hingingen, um ein Kind anzusehen. »Wegen eines neugeborenen Kindes solch ein Getue«, dachte der Wolf. Neugierig geworden und hungrig, wie er war, schlich er ihnen nach. Beim Stall angekommen, versteckte er sich und wartete.

Als sich die Hirten nach der Huldigung an das Jesulein von Maria und Josef verabschiedeten, hielt der Wolf seine Zeit für gekommen. Er wartete noch, bis Maria und Josef eingeschlafen waren; die ausgestandene Sorge und Freude über das Kind hatten ihre Lider schwer gemacht. »Um so besser«, dachte der Wolf, »ich werde mit dem Kind beginnen.« Auf leisen Pfoten schlich er in den Stall. Niemand bemerkte sein Kommen. Allein das Kind. Es blickte voll Liebe auf den Wolf, der Tatze vor Tatze setzend, sich lautlos an die Krippe heranschob. Er hatte den Rachen weit geöffnet, und die Zunge hing ihm heraus. Er war schrecklich anzusehen. Nun stand er dicht neben der Krippe. »Ein leichtes Fressen«, dachte der Wolf und schleckte sich begierig die Lefzen. Er setzte zum Sprung an. Da berührte ihn behutsam und liebevoll die Hand des Jesuskindes. Das erste Mal in seinem Leben streichelte jemand sein hässliches, struppiges Fell, und mit einer Stimme, wie der Wolf sie noch nie vernommen, sagte das Kind: »Wolf, ich liebe dich.«

Da geschah etwas Unvorstellbares – im dunklen Stall von Betlehem platzte die Tierhaut des Wolfes – und heraus stieg ein Mensch. Ein wirklicher Mensch. So, wie Gott ihn von Anfang an gedacht. Der Mensch sank in die Knie, küsste die Hände des Kindes und betete es an.

Alsdann verließ er den Stall – lautlos wie er zuvor als Wolf gekommen – und ging in die Welt, um die erlösende Berührung des göttliches Kindes allen zu künden.

Niemand hat gesehen, was sich in jener Nacht zugetragen, nur das Jesuskind und der Mensch-Gewordene wissen, was geschehen ist. Und die beiden wissen, dass dies noch immer geschieht an allen, die sich in ihrer Tierhaut der Krippe nahen und vom göttlichen Kind berühren lassen.

WEIHNACHTEN DER TIERE

Franz von Assisi

Wenn ich mit dem Kaiser sprechen könnte, so würde ich ihm die Bitte vortragen, er möge eine besondere Verordnung erlassen: Am Weihnachtsfest sollten die Leute Korn und anderes Vogelfutter vor die Häuser und Burgen auslegen, damit die Vögel, besonders unsere Schwestern Lerchen, am Festtag gut zu essen hätten.

SCHUSTER KONRAD ERWARTET DEN LIEBEN GOTT

Legende aus Russland

An diesem Morgen war Konrad, der Schuster, schon sehr früh aufgestanden, hatte seine Werkstatt aufgeräumt, den Ofen angezündet und den Tisch gedeckt. Heute wollte er nicht arbeiten, denn er erwartete einen hohen Gast. Den höchsten, den man sich denken kann. Er erwartete Gott selbst. In der vorigen Nacht hatte Gott ihn im Traum wissen lassen, dass er ihn besuchen werde.

Nun saß Konrad also in der warmen Stube und wartete. Sein Herz war voller Freude. Da hörte er draußen Schritte, und schon klopfte es an die Tür. Das ist er, dachte Konrad, sprang auf und riss die Tür auf. Aber es war nur der Briefträger, der von der Kälte ganz blau gefrorene Finger hatte und sehnsüchtig nach dem heißen Tee auf dem Ofen schielte. Konrad ließ ihn herein, gab ihm eine Tasse Tee und ließ ihn sich aufwärmen. »Danke«, sagte der Briefträger, »das hat mir gut getan«, und er stampfte wieder in die Kälte hinaus.

Sobald er das Haus verlassen hatte, räumte Konrad schnell das Geschirr ab und stellte saubere Tassen auf den Tisch. Dann setzte er sich wieder ans

Fenster und wartete. Es wurde Mittag, aber von Gott war nichts zu sehen.

Plötzlich erblickte er einen kleinen Jungen, und als er genauer hinsah, bemerkte er, dass dem Kleinen die Tränen über die Wangen liefen. Konrad rief ihn zu sich. Das Kind hatte im Gedränge der Stadt seine Mutter verloren und fand nicht mehr nach Hause zurück. Konrad legte einen Zettel auf den Tisch und schrieb darauf: »Bitte, warte auf mich. Ich bin gleich zurück.« Er ließ seine Tür einen Spalt offen, nahm den Jungen an der Hand und brachte ihn heim.

Aber der Weg war weiter, als er gedacht hatte, und so kam er erst heim, als es schon dunkelte. Als er von ferne sah, dass jemand in seinem Zimmer am Fenster stand, erschrak er sehr. Aber dann klopfte sein Herz vor Freude. Nun war Gott doch zu ihm gekommen.

Doch dann erkannte er die Frau. Sie wohnte oben im gleichen Haus. Seit ihr Mann verunglückt war, lebte sie allein mit ihrem Jungen. Sie sah müde und traurig aus. Konrad erfuhr, dass sie drei Nächte lang nicht mehr geschlafen hatte, weil ihr kleiner Sohn Petja so krank war. Er lag still da, und das Fieber stieg immer höher. Die Frau tat Konrad Leid. Und so ging er mit. Gemeinsam wickelten sie Petja in feuchte Tücher. Konrad blieb am Bett des kranken Kindes, während die Frau sich ein wenig ausruhte.

Als er endlich wieder in seine Stube zurückkehrte, war es weit nach Mitternacht. Müde und enttäuscht legte sich Konrad schlafen. Der Tag war vorüber. Gott war nicht gekommen. Plötzlich hörte er eine Stimme. »Danke«, sagte die Stimme, »danke, dass ich mich bei dir aufwärmen durfte – danke, dass du mir den Weg nach Hause gezeigt hast – danke für den Trost und die Hilfe, die du mir gegeben hast. – Ich danke dir, Konrad, dass ich heute bei dir sein durfte.«

DER ERSTE CHRISTBAUM BEI DEN WALDBAUERN

Peter Rosegger

Es waren die ersten Weihnachtsferien meiner Studienzeit. Wochenlang hatte ich schon die Tage, endlich die Stunden gezählt bis zum Morgen der Heimfahrt von Graz ins Alpel. Und als der Tag kam, da stürmte und stöberte es, dass mein Eisenbahnzug steckenblieb. Da stieg ich aus und ging zu Fuß, frisch und lustig, sechs Stunden lang durch das Tal, wo der Frost mir Nase und Ohren abschnitt, dass ich sie gar nicht mehr spürte. Durch den Bergwald hinauf, wo mir so warm wurde, dass die Ohren auf einmal wieder da waren und heißer als je im Sommer.

So kam ich, als es schon dämmerte, glücklich hinauf, wo das alte Haus, schimmernd durch Gestöber und Nebel, wie ein verschwommener Fleck stand, einsam mitten in der Schneewüste. Als ich eintrat, wie war die Stube so klein und niedrig und dunkel und warm – urheimlich. In den Stadthäusern verliert man ja allen Maßstab für ein Waldbauernhaus. Aber man findet sich gleich hinein, wenn die Mutter den Ankömmling ohne alle Umstände so grüßt: »Na, weil d'nur da bist!«

Auf dem offenen Steinherd prasselte das Feuer, in der guten Stube wurde eine Kerze angezündet. »Mutter, nit!« wehrte ich ab, »tut lieber ein Spanlicht anzünden, das ist schöner.«

Sie tat's aber nicht. Das Kienspanlicht ist für die Werktage. Weil nach langer Abwesenheit der Sohn heimkam, war für die Mutter Feiertag geworden. Darum die festliche Kerze.

Als die Augen sich an das Halblicht gewöhnt hatten, sah ich auch das Nickerl, das achtjährige Brüderlein. Es war das jüngste und letzte. »Ausschauen tust gut!« lobte die Mutter meine vom Gestöber geröteten Wangen.

Der kleine Nickerl aber sah blass aus. »Du hast ja die Stadtfarbe, statt meiner!« sagte ich, und habe gelacht. Die Sache war so. Der Kleine tat husten, den halben Winter schon. Und da war eine alte Hausmagd, die sagte es täglich wenigstens dreimal, dass für ein »hustendes Leut« nichts schlechter sei als »der kalte Luft«. Sie verbot es, dass der Kleine hinaus vor die Tür ging. Ich glaube, deshalb war er so blass, und nicht des Hustens halber.

In der dem Christfest vorhergehenden Nacht schlief ich wenig – etwas Seltenes in jenen Jahren. Die Mutter hatte mir auf dem Herde ein Bett gemacht mit der Weisung, die Beine nicht zu weit auszustrecken, sonst kämen sie in die Feuergrube, wo die Kohlen glosten. Die glosenden Kohlen waren gemütlich, das knisterte in der stillfinsteren Nacht so hübsch und warf einen goldenen Glutschein an die Wand, wo in einem Gestelle die buntbemalten Schüsseln lehnten. Da war ein Anliegen, über das ich schlüssig werden musste in dieser Nacht, ehe die Mutter an den Herd trat, die Morgensuppe zu kochen. Ich hatte viel sprechen gehört davon, wie man in den Städten Weihnachten feiert. Da sollen sie ein Fichtenbäumchen, ein wirkliches kleines Bäumchen aus dem Wald auf den Tisch stellen, an seinen Zweigen Kerzlein befestigen, sie anzünden, darunter sogar Geschenke für die Kinder hinlegen und sagen, das Christkind hätte es gebracht.

Nun hatte ich vor, meinem kleinen Bruder, dem Nickerl, einen Christbaum zu errichten. Aber alles im Geheimen, das gehört dazu. Nachdem es soweit taglicht geworden war, ging ich in den frostigen Nebel hinaus. Und just dieser Nebel schützte mich vor den Blicken der ums Haus herum arbeitenden Leute, als ich vom Walde her mit einem Fichtenwipfelchen gegen die Wagenhütte lief.

Dann ward es Abend. Die Gesindeleute waren noch in den Ställen beschäftigt oder in den Kammern, wo sie sich nach der Sitte des Heiligen Abends die Köpfe wuschen und ihr Festgewand herrichteten. Die Mutter in der Küche buk die Christtagskrapfen, und der Vater mit dem kleinen Nickerl besegnete den Hof. Hatte nämlich der Vater in einem Gefäß glühende Kohlen, hatte auf dieselben Weihrauch gestreut und ging damit durch alle Räume des Hofes, um sie zu beräuchern und dabei schweigend zu beten. Es sollten böse Geister vertrieben und gute ins Haus gesegnet werden.

Dieweilen also die Leute draußen zu tun hatten, bereitete ich in der großen Stube den Christbaum. Das Bäumchen, das im Scheite stak, stellte ich auf den Tisch. Dann schnitt ich vom Wachsstock zehn oder zwölf Kerzchen und klebte sie an die Ästlein. Unterhalb, am Fuße des Bäumchens, legte ich einen Wecken hin. Da hörte ich über der Stube auf dem Dachboden auch schon Tritte – langsame und trip-

pelnde. Sie waren schon da und segneten den Bodenraum. Bald würden sie in der Stube sein, mit der wir den Rauchgang zu beschließen pflegen. Ich zündete die Kerzen an und versteckte mich hinter dem Ofen.

Die Tür ging auf, sie traten herein mit ihren Weihgefäßen und standen still. »Was ist denn das?« sagte der Vater mit leiser, langgezogener Stimme. Der Kleine starrte sprachlos drein. In seinen großen, runden

Augen spiegelten sich wie Sternlein die Christbaumlichter. – Der Vater schritt langsam zur Küchentür und flüsterte hinaus: »Mutter, Mutter! Komm ein wenig herein.« Und als sie da war: »Mutter, hast du das gemacht?«

»Maria und Josef!« hauchte die Mutter, »was lauter habens denn da auf den Tisch getan?« Bald kamen auch die Knechte und die Mägde herbei, hell erschrocken über die seltsame Erscheinung. Da vermutete einer, ein Junge, der aus dem Tal war: Es könnte ein Christbaum sein ...

Sollte es denn wirklich wahr sein, dass Engel solche Bäumlein vom Himmel bringen? – Sie schauten und staunten. Und aus des Vaters Gefäß qualmte der Weihrauch und erfüllte schon die ganze Stube, so dass es war wie ein zarter Schleier, der sich über das brennende Bäumchen legte.

Die Mutter suchte mit den Augen in der Stube herum: »Wo ist denn der Peter?«

Da erachtete ich es an der Zeit, aus dem Ofenwinkel hervorzutreten. Den kleinen Nickerl, der immer noch sprachlos und unbeweglich war, nahm ich an den kühlen Händchen und führte ihn vor den Tisch. Fast sträubte er sich, aber ich sagte – selber tief feierlich gestimmt – zu ihm: »Tu dich nicht fürchten, Brüderl! Schau, das liebe Christkind hat dir einen Christbaum gebracht. Der ist dein.«

Und da hub der Kleine an zu wiehern vor Freude und Rührung, und die Hände hielt er gefaltet wie in der Kirche.

Öfter als vierzigmal seither habe ich den Christbaum erlebt, mit mächtigem Glanz, mit reichen Gaben und freudigem Jubel unter Großen und Kleinen. Aber größere Christbaumfreude, ja eine so helle Freude hab ich noch nicht gesehen, als jene meines kleinen Brüderlein Nickerl – dem es so plötzlich und wundersam vor Augen trat –, ein Zeichen dessen, der da vom Himmel kam.

WEIHNACHTEN MIT HOCHWÜRDEN KRÄUTERBEIN

Johannes Derksen

Weihnachten feierte Kaplan Kräuterbein fünfmal die heilige Messe, was fromme Seelen und noch strengere Liturgiker ihm natürlich wieder falsch auslegen werden.

Es verhielt sich so: Um Mitternacht assistierte er in der Pfarrkirche als Subdiakon. Pater Admirabilis aus dem 200 Kilometer entfernten Franziskanerkloster fungierte als Diakon und predigte an beiden Weihnachtstagen. Kräuterbein feierte seine eigenen drei heiligen Messen um vier Uhr, sechs Uhr und acht Uhr auf den Außenstationen und musste um zehn Uhr im Hochamt am Pfarrort nochmals levitieren. Als er fromm subdiakonierte, schaute er auf seine gefalteten Finger, deren Nägel trotz Waschen und Bürsten nicht sauber geworden waren.

Der kleine Krippenstall in der Kirche hatte ihn schon im vergangenen Jahr geärgert. Deshalb hatte er mit seinen Jungen im Pfarrkeller einen großen Stall gebaut und die Jungen gebeten, Moos zu besorgen. »Ja, ja, nu, nu!« war ihre Rede.

»Nein, nein!« war ihre Tat.

Es begann zu schneien. Herrliches Weihnachtswetter, aber zum Moosholen zu spät. So färbte er in einer alten Waschbütte Holzwolle grün für die gipsernen Schafe auf Betlehems Fluren.

Er färbte aber nicht mit Gummihandschuhen, sondern mit Kräuterbeinschen Händen, Handschuhgröße 14. Im feierlichen Amt bezeugten es seine Fingernägel. Nur gut, dass sie bald vom großen Velum, unter dem er die Patene hielt, bedeckt wurden. Der neue Krippenstall wurde von der Gemeinde bewundert, nur der Hilfsküster Piesecke fand den früheren schöner.

Die Jungen renommierten: »Hamm mr selber gebaut!«

»Und mich mit dem Moos sitzen lassen, Rasselbande!«

Da aber zu Weihnachten Friede auf Erden sein soll, machte Kräuterbein keinen Krach, er fuhr sogar mit den Haupthelfern am Nachmittag ins Landheim; denn schließlich sind fünf heilige Messen innerhalb von zwölf Stunden ein bisschen viel Religion auf einmal. Hinzu kam noch das lange Breviergebet. Es war schönstes Weihnachtswetter, bis auf die 30 Grad Kälte. Die motorisierte Kiste ächzte und stöhnte die 14 Kilometer bergauf und bergab durch alle Schneewehen.

Im Landheim schmeckten der Kaffee und die verschiedenartigen Stollen noch einmal so gut, als Beigabe Spekulatius von Mutter Kräuterbein.

Sie machten Schneeballschlachten, lachten, sangen und erzählten bis abends zehn Uhr. Dann wollten sie heimfahren.

Nach den vielen geistlichen Anstrengungen war es kein Wunder, dass der Kaplan vergessen hatte, das Kühlwasser abzulassen. Das wenige, noch nicht gefrorene Wasser kochte nach dem ersten Kilometer. Wie eine Lokomotive fauchte der »Mercedes«.

Es waren keine frommen weihnachtlichen Gespräche, die Kräuterbein jetzt mit sich selbst führte.

Der Dampf legte sich auf die Windschutzscheibe und gefror.

»Aussteigen und schieben!«

Die Jungen machten ein dämliches Gesicht, noch dämlicher als die Gipsschafe auf Betlehems Fluren, auf Kräuterbeins grüner Holzwolle. Der eisige Wind pfiff durch alle Kleider.

»Als Buße, weil ihr kein Moos geholt habt!«

Kräuterbein wollte sich ans Steuer setzen, da meuterten aber seine Jungen. Also schob er mit der Linken und steuerte mit der Rechten.

»Hoffentlich hält die Batterie!«

Bergab setzte er sich ans Steuer, und die Jungen schoben im Dauerlauf. Die Straße wurde enger. Rechts und links große Schneedämme. An der engsten Stelle, wo nur ein einziges Fahrzeug Platz hatte, saß ein entgegenkommendes Auto fest.

»Fröhliche Weihnachten!« begrüßte Kräuterbein

das hilflose Ehepaar. Nach kurzem Überlegen wusste er Rat:
»Los, Jungen, mit Händen und Stiefeln frei machen. Wir haben sogar eine Kohlenschaufel im Wagen.«

Es war schon knechtliche Arbeit am hochheiligen Weihnachtsfest, aber sie arbeiteten sich warm und schafften es.
»Sie sind es ja gewohnt«, meinte die Ehefrau lächelnd, als ihr Wagen glücklich an Kräuterbeins Luxuslimousine vorbeigeschoben war. Der hochwürdige Herr Kaplan sah nämlich wie ein Autoschlosser aus.
»Das geht alles vom Fegefeuer ab«, tröstete er die Jungen, und sie schoben weiter.

Um 2 Uhr in der Nacht waren sie endlich vor dem Pfarrhaus. Fräulein Grollinski hatte gewartet. Nun kochte sie eimerweise Wasser, das Kräuterbein über den Motor und über den Kühler goss; denn er musste am zweiten Feiertag wieder auf die Dörfer fahren können.

Drei Stunden Schlaf waren für den Kaplan entschieden zu wenig. Fräulein Grollinski musste kräftig an seine Schlafzimmertür trommeln, damit er wach wurde.

Nüchtern setzte sich Kräuterbein ans Steuer, aber es war ihm zumute, als hätte er gestern zu tief ins Glas geguckt. Die siebenundzwanzig und dreiunddreißig Kirchenbesucher in den beiden Gasthöfen merkten ihm die Erschöpfung nicht an. Sie schenkten ihm sogar zehn Mark für Benzin, weil er so schön gepredigt hatte. Weihnachten war geschafft.

»Holder Knabe im lockigen Haar, schlaf in himmlischer Ruh« tönte es aus dem Radio, als Kräuterbein den verdienten Schlaf nachholte. Im Traum schob er sein Auto durch zehn Meter hohe Schneeberge.

WEIHNACHTEN IM BAHNWÄRTERHÄUSCHEN

H. Villinger

Es war zur Nachmittagszeit: hoch droben an einem Bahnwärterhäuschen der Schwarzwaldbahn lag der Mann auf dem Bett und fieberte; es hatte ihn plötzlich angefallen, er wusste nicht, wie. Die Frau hatte einen heißen Tee gekocht und ihn dem Manne aufgenötigt, die hoffte, ihn damit munter zu machen; der Jockele, der einzige Bub, lag ihr schon den ganzen Tag in den Ohren: »Aber gelt, Mutter, jetzt gehst du hinunter und holst mir was zu Weihnachten?« Dass er am Heiligen Abend nichts als ein nacktes Bäumchen haben sollte, schien ihm das Schmerzlichste, was es auf dieser Welt gab.

Da raffte sich die Frau auf. »Mann«, sagte sie, »in zwei Stunden bin ich gut wieder oben; 's ist halt doch Weihnachten, da soll kein Kind leer ausgehn; meinst nit, dass ich dem Büble was holen könnt'?« – »Ja, ja«, nickte der Bahnwärter. »Hör, Jockele«, wandte sich die Frau an den Buben, »pass genau auf: wenn der Zeiger auf fünf Minuten vor fünfe steht, weckst den Vadder und holst ihm die Flagg' und ruhst nit, bis er draußen steht, wann der Zug kommt – hast gehört? Ruhst nit – ich bind' dir's auf die Seel.«

Jockele versprach: »Ich ruh' nit, Mutter, und gelt, vergiss nit: Äpfel brauch' ich und Nüss die Meng' und einen großmächtigen Herzlebkuchen.«

Die Frau kämpfte schon draußen mit Schnee und Wind, als ihr die helle Kinderstimme noch nachtönte:

»Mit Mandeln drin, Mutter, und grüß mir's Christkindle schön, wenn's unterwegs ist.«

Dann saß Jockele vor seinem Bäumchen, starrte es an und klatschte von Zeit zu Zeit in die Hände: denn er sah im Geist schon alle Zweiglein voll Äpfel und Nüsse hängen. Die Mutter konnte zwar erst gegen sechs Uhr wieder oben sein, und es schlug eben vier: trotzdem lief Jockele schon jetzt vor die Tür und schaute nach ihr aus. Hierauf pflanzte er sich vor die gelb und rot gemalte Uhr und sah dem Perpendikel zu, der von außen über das Zifferblatt hing und im Ticktack von einem uralten, staub- und spinnendurchwobenen Dasein erzählte.

Endlich stand der Zeiger da, wo die Mutter es ihm gezeigt hatte, und Jockele verfügte sich zum Bett des schlafenden Vaters und rüttelte ihn an den Schultern. »Vadder«, schrie er ihm in die Ohren, »der Zug!«

Der Mann lag im tiefen Schlaf; ein schwerer Traum schien ihn zu belästigen, aber der Junge wusste, was auf dem Spiel stand, wenn der Vater seine Pflicht versäumte. Er holte die Flagge herbei und drückte sie dem Vater in die Hand; er schleppte den schweren Mantel durch die Stube zum Bett; er schrie und zerrte und riss an dem Schlafenden – vergeblich! Jetzt ertönte draußen das Signal. »Der Zug! Vadder«, schrie der Bub, »steh auf, schnell! Hör mich doch, so hör mich doch!«

»Ja, ja«, murmelte der Mann, »bin schon da« – und kehrte sich gegen die Wand.

»Da muss ich halt hinaus«, sagte sich der Bub, »denn einer muss draußen sein.« Kurz entschlossen fuhr er in den langen schweren Mantel des Vaters, zog sich die Kapuze über den Kopf, nahm die Flagge und kam gerade noch zur rechten Zeit an Ort und Stelle an; denn wenige Augenblicke später dampfte der Zug vorbei, an der wunderlichen kleinen Gestalt vorüber. Der Schnee hatte Jockele tief eingehüllt; mit großem Ernst präsentierte er die Flagge, und gar lieblich lugte sein rosiges Kindergesicht aus der schneebedeckten Kapuze heraus.

Als solches mochte er vielleicht der Dame erschienen sein, die hinter dem offenen Fenster eines Wagenabteils stand und in die stille Christnacht hinausschaute; denn sie winkte plötzlich mit der Hand, und im nächsten Augenblick flog dem Jockele aus dem vorüberfahrenden Zuge ein Gegenstand vor die Füße; er hob ihn auf und lief damit ins Haus. Dort ließ er den schweren Mantel fallen und eilte zum Fenster, um beim hellen Scheine des Mondes sein Geschenk zu betrachten.

Es war eine kleine, feine Ledertasche, mit lauter neuem Silbergeld angefüllt! Da schrie der Jockele vor Freuden laut auf; an einen Geber dachte er nicht; es war ja Weihnacht – kein Wunder also, wenn Geschenke vom Himmel fielen.

»So, jetzt putz ich's Bäumle«, sagte sich Jockele, »die Mutter wird schauen!« Und er begann, die Zweige der kleinen Tanne mit Silberstücken zu belegen, was keine geringe Mühe war; denn sie fielen immer wieder herunter, sodass der Junge schließlich ganz erschöpft den Kopf in die Arme legte und so unter seinem silberbestreuten Bäumchen sanft und fest einschlief.

Er hörte nichts von der Heimkehr der Mutter, die ganz beschneit und keuchend vor Anstrengung in die Stube trat. Erst setzte sie ihren Korb ab, dann eilte sie an das Lager des Mannes; er atmete ruhig und gleichmäßig; auf dem Boden lag sein Mantel. Er hatte also seiner Pflicht genügen können.

»Gott sei Dank!« stammelte das Weib und wandte sich zum Fenster, wo das Bäumchen stand und ihr Büblein saß und sich nicht rührte. Leise, auf den Zehenspitzen, trat sie mit ihrem Korb voll Äpfeln und Nüssen, den Herzlebkuchen in der Hand, hinter den Stuhl des Kindes.

Aber was war das? Schien der Mond so glänzend heute, dass es silbern aus dem Bäumchen schillerte und ebenso aus dem lockigen Haar des Jockele? Die Frau streckte die Hand aus und fuhr über das Haupt des Kindes – da flog es, rechts und links, silbern aufklingend zur Erde.

»Was ist das?« schrie sie auf; der Jockele fuhr in die Höhe, starrte erst ein wenig verwundert drein und rief dann, indem er ganz losgelassen vor Freude von einem Bein aufs andere hüpfte: »Jawohl, jawohl, 's gehört alles mir – schau nur, schau, Mutter!«

Die Frau machte Licht; jetzt erwachte auch der Mann, mit beiden Füßen aus dem Bett springend.

»Herrgott«, sagte er, »der Zug ist vorbei – du warst doch draußen, Frau?«

Sie wurde kreideweiß: »Ich komm ja eben erst heim!«

»Aber ich war draußen«, erklärte Jockele! »Wie der Vadder gar nit hat aufwachen wollen, hab ich eben die Flagge genommen und den Mantel und hab's ganz recht gemacht, und niemand hat mich gekannt, aber´s Christkindle hat mir vom Himmel herunter einen Haufen Geld geworfen, lauter neues.«

Der Bahnwärter, noch ganz elend von seinem überstandenen Fieberanfall, ließ sich mit zitternden Knien auf den nächsten Stuhl nieder. »Bist du wirklich draußen gestanden?« fragte er. »Freilich«, versicherte Jockele, »kannst ganz ruhig sein, Vadder.«

»Das ist einer«, schluchzte die Frau auf, »der wird es noch einmal weit bringen – 's ist gewiss zehn Mark, Mann, schau her!«

Auf dem Tisch lag das lederne Täschchen, und Jockele erklärte: »Das Ding da ist auf mich zugeflogen, gerad wie ein Vogel vom Himmel.« Die Bahnwärterfrau untersuchte das Täschchen und fand darin eine Karte: »A merry Christmas« stand darauf. (Das ist englisch und heißt: Gesegnete Weihnachten!) Es dauerte lange, bis sie sich die Worte zusammenbuchstabiert hatte. Endlich meinte sie: »Aha, ‘ist die Frau Mary Christmaß – Gott segne sie! ‘s muss eine seelengute Frau sein.«

»Halt wahrscheinlich dem Christkindle seine Mutter«, erklärte Jockele und machte sich über seine Äpfel und Nüsse her.

VOM KÖNIG, DER GOTT SEHEN WOLLTE

Leo Tolstoi

In einem fernen Lande lebte einst ein König, den am Ende seiner Tage Schwermut befiel. »Seht«, sagte er, »nun habe ich in meinem Leben alles, was nur ein Mensch erleben und mit den Sinnen aufnehmen kann, erfahren, gehört und gesehen. Nur eines habe ich nicht gesehen im meinem ganzen Leben: Gott habe ich nicht gesehen. Ihn wünsche ich noch zu sehen.«

Deshalb erließ der König an alle Machthaber, Weisen und Priester den Befehl, ihm Gott zu zeigen. Schwerste Strafen wurden ihnen angedroht, wenn es ihnen nicht gelänge. Der König gewährte eine Frist von drei Tagen.

Trauer kam über die Bewohner des königlichen Palastes, und alle warteten auf ihr bevorstehendes Ende. Genau nach drei Tagen um die Mittagszeit ließ der König sie vor sich rufen. Die Münder der Machthaber, der Weisen und Priester aber blieben stumm. In seinem Zorn war der König schon bereit, das Todesurteil auszusprechen.

Da kam ein Hirte vom Felde, der von des Königs Befehl gehört hatte, und sagte: »Erlaube mir, König, deinen Wunsch zu erfüllen!«

»Gut«, sagte der König, »aber bedenke, es geht um deinen Kopf.«

Der Hirte führte den König auf einen freien Platz und zeigte ihm die Sonne. »Sieh hin«, sagte er. Der König hob seine Augen und wollte die Sonne sehen. Aber der Glanz blendete ihn, und er senkte den Kopf und schloss die Augen.

»Willst du, dass ich erblinde?«, sagte er zu dem Hirten.

»Aber König, das ist doch nur ein Ding der Schöpfung, ein schwacher Abglanz der Größe Gottes, ein kleines Fünkchen seines flammenden Feuers. Wie willst du mit deinen schwachen, tränenden Augen Gott sehen? Suche ihn mit anderen Augen!«

Der Einfall gefiel dem König. Er sagte zu dem Hirten: »Ich erkenne deinen Geist und sehe die Größe deiner Seele. Antworte mir nun: Was war vor Gott?«

Nach einigem Nachdenken sagte der Hirte: »Nicht so! Fange mit dem an, was vor eins kommt.«

»Wie kann ich denn? Vor eins gibt es doch gar nichts.«

»Sehr weise gesprochen, Herr. Auch vor Gott gibt es nichts.«

Diese Antwort gefiel dem König noch besser als die vorhergehende. »Ich werde dich reich beschenken; vorher beantworte aber noch die dritte Frage: Was macht Gott?«

Der Hirte sah, dass des Königs Herz weich geworden war. »Gut«, sagte er, »auch darauf will ich dir antworten. Nur um eines bitte ich dich: Lass uns die Kleider für eine kurze Zeit tauschen.«

Und der König legte die Zeichen seiner Königswürde ab, kleidete damit den Hirten, und selbst zog er dessen unscheinbaren Rock an und hängte sich die Hirtentasche um. Und der Hirte setzte sich auf den Thron, nahm das Zepter und zeigte damit auf den an den Stufen des Thrones mit einer Hirtentasche stehenden König. »Siehst du, das macht Gott! Den einen erhebt er auf den Thron, und den anderen lässt er heruntersteigen.« Und der Hirte zog wieder seine eigene Kleidung an.

Der König stand in Gedanken versunken. Das letzte Wort des Hirten brannte auf seiner Seele. Aber plötzlich ermahnte er sich, und unter sichtbaren Zeichen der Freude sagte er: »Jetzt sehe ich Gott.«

GESCHICHTE VOM LICHT DES HIRTENJUNGEN

Als die Engel den Hirten verkündet hatten, dass im Stall von Betlehem der König der Welt geboren war, da suchte jeder nach einem passenden Geschenk, das er dem Kind in der Krippe mitbringen wollte.

»Ich bringe ein Schäfchen mit!« meinte der eine. »Ich eine Kanne voll frischer Milch!« sagte ein anderer. »Und ich eine warme Decke, damit das Kind nicht friert!« rief ein dritter.

Unter den Hirten war aber auch ein Hirtenjunge. Der war bettelarm und hatte nichts, was er dem Kind schenken konnte. Traurig lief er zum Schafstall und suchte in dem winzigen Eckchen, das ihm gehörte, nach etwas, was er vielleicht doch mitbringen könnte. Aber da war nichts, was auch nur den Anschein eines Geschenkes hatte. In seiner Not zündete der Hirtenjunge eine kleine Kerze an und suchte in jeder Ritze und in jeder Ecke. Doch alles Suchen war umsonst. Da setzte er sich endlich mitten auf den Fußboden und war traurig, dass ihm die Tränen herunterliefen. So bemerkte er gar nicht, dass ein anderer Hirte in den Stall gekommen war und vor ihm stehenblieb. Er erschrak richtig, als ihn der Hirte ansprach: »Da bringen wir dem König der Welt alle möglichen Geschenke. Ich glaube aber, dass du das allerschönste Geschenk hast!«

Erstaunt blickte ihn der Junge mit verweinten Augen an. »Ich hab doch gar nichts!« sagte er leise.

Da lachte der Hirte und meinte: »Schaut euch diesen Knirps an! Da hält er in seiner Hand eine leuchtende Kerze und meint, er habe gar nichts!«

»Soll ich dem Kind vielleicht die kleine Kerze schenken?« fragte der Hirtenjunge aufgeregt.

»Es gibt nichts Schöneres!« antwortete der Hirte ernst. Da stand der Hirtenjunge auf, legte seine Hand schützend vor die kleine Flamme und machte sich mit den Hirten auf den Weg. Als sie mit ihren Geschenken den Stall erreichten, war es dort kalt und dunkel. Als aber der Hirtenjunge mit seiner kleinen Kerze den Stall betrat, da breitete sich ein Leuchten und eine Wärme aus, und alle konnten Maria und Josef und das Kind in der Krippe sehen.

So knieten die Hirten vor der Krippe und beteten den Herrn der Welt an, das kleine Kind mit Namen Jesus. Danach übergaben sie ihre Geschenke. Der Hirtenjunge aber stellte seine Kerze ganz nah an die Krippe, und er konnte deutlich das Leuchten in Marias und Josefs Augen sehen. »Das kleine Licht ist das allerschönste Geschenk!« sagten die Hirten leise.

Und alle freuten sich an dem schönen Weihnachtslicht, das sogar den armseligen Stall warm und gemütlich machte.

Der Hirtenjunge aber spürte, wie in ihm selbst eine Wärme aufstieg, die ihn immer glücklicher machte. Und wieder musste er weinen, diesmal weil er sich so glücklich fühlte. Bis zum heutigen Tag zünden die Menschen vor Weihnachten Kerzen an, weil sie alle auf Weihnachten warten und ihnen das kleine Licht immer wieder Freude und Geborgenheit schenkt.

WORÜBER DAS CHRISTKIND LÄCHELN MUSSTE

Karl Heinrich Waggerl

Als Josef mit Maria von Nazaret her unterwegs war, um in Betlehem anzugeben, dass er von David abstamme, was die Obrigkeit so gut wie unsereins hätte wissen können, weil es ja längst geschrieben stand – um jene Zeit also kam der Engel Gabriel heimlich noch einmal vom Himmel herab, um im Stalle nach dem Rechten zu sehen. Es war ja sogar für einen Erzengel in seiner Erleuchtung schwer zu begreifen, warum es nun der allererbärmlichste Stall sein musste, in dem der Herr zur Welt kommen sollte, und seine Wiege nichts weiter als eine Futterkrippe. Aber Gabriel wollte wenigstens noch den Winden gebieten, dass sie nicht gar zu grob durch die Ritzen pfiffen, und die Wolken am Himmel sollten nicht gleich wieder in Rührung zerfließen und das Kind mit ihren Tränen überschütten, und was das Licht in der Laterne betraf, so musste man ihm noch einmal einschärfen, nur bescheiden zu leuchten und nicht etwa zu blenden und zu glänzen wie der Weihnachtsstern.

Der Erzengel stöberte auch alles kleine Getier aus dem Stall, die Ameisen und Spinnen und die Mäuse, es war nicht auszudenken, was geschehen konnte,

wenn sich die Mutter Maria vielleicht vorzeitig über eine Maus entsetzte! Nur Esel und Ochs durften bleiben, der Esel, weil man ihm später ohnehin für die Flucht nach Ägypten zur Hand haben musste, und der Ochs, weil er so riesengroß und faul war, dass ihn alle Heerscharen des Himmels nicht hätten von der Stelle bringen können.

Zuletzt verteilte Gabriel noch eine Schar Engelchen im Stall herum auf den Dachsparren, es waren solche von der kleinen Art, die fast nur aus Kopf und Flügeln bestehen. Sie sollten ja auch bloß still sitzen und Acht haben und sogleich Bescheid geben, wenn dem Kinde in seiner nackten Armut etwas Böses drohte. Noch ein Blick in die Runde, dann hob der Mächtige seine Schwingen und rauschte davon. Gut so. Aber nicht ganz gut, denn es saß noch ein Floh auf dem Boden der Krippe in der Streu und schlief.

Dieses winzige Scheusal war dem Engel Gabriel entgangen, versteht sich, wann hatte auch ein Erzengel je mit Flöhen zu tun!

Als nun das Wunder geschehen war und das Kind lag leibhaftig auf dem Stroh, so voller Liebreiz und so rührend arm, da hielten es die Engel unterm Dach nicht mehr aus vor Entzücken, sie umschwirrten die Krippe wie ein Flug Tauben. Etliche fächelten dem Knaben balsamische Düfte zu und die anderen zupften und zogen das Stroh zurecht, damit ihn ja kein Hälmchen drücken oder zwicken möchte.

Bei diesem Geraschel erwachte aber der Floh in der Streu. Es wurde ihm gleich himmelangst, weil er dachte, es sei jemand hinter ihm her, wie gewöhnlich. Er fuhr in der Krippe herum und versuchte alle seine Künste und schließlich, in der äußersten Not, schlüpfte der dem göttlichen Kinde ins Ohr.

»Vergib mir!« flüsterte der atemlose Floh, »aber ich kann nicht anders, sie bringen mich um, wenn sie mich erwischen. Ich verschwinde gleich wieder, göttliche Gnaden, lass mich nur sehen, wie!«

Er äugte also umher und hatte auch gleich einen Plan. »Höre zu«, sagte er, »wenn ich alle Kraft zusammennehme und wenn du still hältst, dann könnte ich vielleicht die Glatze des heiligen Josef erreichen, und von dort weg kriege ich das Fensterkreuz und die Tür...« »Spring nur!« sagte das Jesuskind unhörbar, »ich halte still!«

Und da sprang der Floh. Aber es ließ sich nicht vermeiden, dass er das Kind ein wenig kitzelte, als er sich zurechtrückte und die Beine unter den Bauch zog.

In diesem Augenblick rüttelte die Mutter Gottes ihren Gemahl aus dem Schlaf.

»Ach sieh doch!« sagte Maria selig, »es lächelt schon!«

DAS GLÜCK DER WEISEN

Johann Peter Hebel

Weise ist der Mann, der aus den Händen des Glücks nicht mehr verlangt, als er bedarf, und der seine Ruhe nicht in der Befriedigung, sondern in der Mäßigung seiner Begierden sucht. Kann er sich auch nicht in Seide und Purpur hüllen: er will nur seine Blöße decken. Reizen auch Indiens Gewürze und Zyperns Weine seinen Gaumen nicht, er will nur seinen eigenen Körper nähren und seine Kräfte unterstützen. Keine Marmorsäulen tragen sein Dach, aber es schützt ihn gegen die Stürme des Himmels. Er wird nicht unter den Reichen, nicht unter den Angesehenen seines Volkes gepriesen, ihm genügt der Name eines guten Menschen, eines friedlichen Bürgers, eines treuen Familienvaters. Er sieht sich nicht von Schmeichlern umlagert; kein Schwarm von Dienern erwartet seine Befehle; keine Klienten huldigen ihm; keine Fremden drängen sich zu seiner Bekanntschaft; ihm genügt ein Freund. Um sich sein mäßiges Glück zu gönnen, gönnt er jedem andern sein großes.

Das wahre und sichere Glück des Lebens liegt nicht außer uns, sondern in uns; nicht in den Goldkisten, nicht in dem Adelsbriefe, nicht in dem schäumenden Pokal, sondern in ruhigen, zur Freude rein gestimmten Herzen. Wer mit einer Brust voll ungeziemter, brennender Leidenschaft seine Ruhe im Reichtum oder in dem Stande sucht, findet sie nie. Er hat eine Million gehäuft und findet sie nicht; er häuft die zweite und findet sie noch nicht. Er ist aus dem Staube in die Ratsstube, in das Kabinett des Fürsten, an die Spitze einer Armee, auf den Thron gestiegen. Immer höher und nie erreichbar stieg sie vor ihm auf, je höher er selber stieg. Selbst auf dem Thron sitzt sie nur für den, der sie auf den Thron mitbringt. Nur der Zufriedene, der seine Wünsche auf das beschränkt, was Natur und Glück und Fleiß ihm gewährt, und in dem Besitz und Genuss dessen seine Wünsche befriedigt sieht, nur er hat Ruhe und für die Freude des Lebens einen offenen Sinn. Nur ihm lächelt der Frühling und seine Blüten; ihm schwanken die Gipfel des Blütenhains in der kraftbewegten

Luft; ihm flüstert die vertrauliche Quelle. Sanfter Schlummer besucht seine Lagerstätte, während auf seidenen Polstern den Reichen die Sorgen, den Ehrsüchtigen der Neid, den Schwächling die Sünden quälen und der Ausschweifende in lärmenden Sälen sich zum Schwächling entkräftet; und mit leichtem Sinn und leichtem Herzen wacht er am Morgen auf, begrüßt die wiederkehrende Sonne und hat ein offenes Herz für alle neuen Freuden der Natur.

Um sich sein gemäßigtes Glück zu gönnen, gönnt er jedem andern sein größeres. Dankbar und mit Vertrauen blickt er zum Himmel auf, der die Waage des Schicksals hält. Ohne Reue schaut er in die Vergangenheit, ohne Furcht in die Zukunft. Untreu ist jeder andere Besitz, unentreißbar nur der, den wir im Herzen tragen.

LIEBER HOPPELPOPPEL – WO BIST DU?

Hans Fallada

Es war einmal ein kleiner Junge, der hieß Thomas. Dem hatten seine Großeltern zum ersten Weihnachtsfest einen kleinen Hund aus schwarzem Plüsch geschenkt, mit Hängeohren und frechen braunen Augen, eine Art Dackeltier, aber auf Rädern. Und da die Achsen dieser Räder nicht im Mittelpunkt saßen, sondern seitlich, hoppelte und wogte das schwarze Stoffgeschöpf auf und nieder, als haste es wild und über alle Kraft imaginären Hasen nach. Darum taufte der Vater den Hund »Hoppelpoppel«, und als Thomas etwas älter geworden war und sprechen konnte, genehmigte auch er diesen Namen. Er liebte den Hund sehr, immer mußte er bei ihm sein, auch im Schlaf durfte er ihn nicht verlassen, und er wachte sehr genau darüber, daß die Eltern nicht nur ihrem Sohn, sondern auch dem Hoppelpoppel gute Nacht sagten. Es war eben eine richtige Liebe.

Nun geschah es, daß Toms Eltern an einen neuen Wohnsitz verzogen, weit, weit weg. Der kleine Thomas blieb während der Umzugstage bei der guten Tante »Kunjä«, und mit ihm natürlich Hoppelpoppel – wie hätte Tom sonst bei Tante Kunjä schlafen können? Nach einer Weile war es dann soweit: Tante Kunjä fuhr mit Tom und dem Hund nach dem neuen Häuserchen. Auf dem Bahnhof erwartete sie der Vater, und der kleine Tom war so selig und verlegen über dies Wiedersehen, daß er schnurstracks seinen Kopf durch des Vaters Beine steckte und so den abfahrenden Zug betrachtete.

Dann gingen die drei Hand in Hand durch den Wald zur Mummi ins neue Häuserchen, und da kam plötzlich ein Augenblick, da Tante Kunjä angedonnert stehenblieb:

»O Gott, habe ich nun doch den Hoppelpoppel in der Bahn liegengelassen!«

Der Vater machte rasch eine Kopfbewegung und sagte: »Still! Still! Hier hat der ›Herr‹ soviel neue Eindrücke, daß er ›ihn‹ einfach vergißt.«

Tom sagte noch gar nichts. Er marschierte stramm auf seinen Beinchen zwischen den beiden Großen und sah die herrlich hohen Bäume mit den Pieksenadeln an. Dann kam ein Zwinger mit einem Hund, und nun stand die Mummi unten auf einer Treppe und hielt die Arme weit auf. Sie gingen durch eine große Tür auf einen weiten Balkon, und plötzlich war da unten ein langes, langes Wasser, und ein Dampfer kam um die Waldecke und ein Kahn, zwei Kähne, viele Kähne ...

Es wurde Abend, und der kleine Junge mußte ins Bett. Er war müde und selig aufgeregt, aber als ihn die Mutter über die Bettleiter hob, sagte er: »Hoppelpoppel!«

Der Vater sagte ernst: »Hoppelpoppel fährt mit der Puffbahn, Thomas. Hoppelpoppel kommt morgen.«

Das Kind sah seine Eltern fragend an, erst sagte es nichts, als aber dann das Licht ausgemacht wurde, bat es wieder, dringend: »Hoppelpoppel!«

»Thomas muß jetzt schlafen«, sagte die Mutter streng und machte die Tür von außen zu. Die Eltern standen atemlos und lauschten. Nein, kein Gebrüll, kein Weinen, sondern Stille. – »Er wird sich beruhigen«, sagte Mummi. »Aber besser ist doch, du gehst morgen zur Bahn und machst eine Verlustanzeige.«

»Schön«, sagte der Mann. »Obgleich es keinen Zweck hat. Denn der Zug fährt weiter nach Polen, und die werden uns grade einen Hoppelpoppel zurückschicken! «

Am nächsten Morgen machte der Vater seine Verlustanzeige, dann kam der Nachmittagsschlaf – aber nein, es kam kein Nachmittagsschlaf.

»Hoppelpoppel!«

»Hoppelpoppel kommt bald.«

»Nun! Gleich!!!«

»Thomas muß schlafen! «

Gebrüll, Wut, Trostlosigkeit, Jammer, nur kein Schlaf. Und am Abend dasselbe. Das neue Häuserchen und das viele Wasser und der Garten und der

Hund im Zwinger und die vielen Dampfer – alles nichts! Hoppelpoppel, lieber Hoppelpoppel – wo bist du? Hoppelpoppel, ein alberner, schwarzer Stoffhund, war eine finstere Wolke am Himmel, nach drei Tagen überhing sie alles!

»Also ich fahre morgen nach Berlin und kaufe einen neuen Hoppelpoppel«, sagte der Vater zur Mummi.

»Vielleicht kriegst du solch einen gar nicht?«

»Soll das, bitte, hier so weitergehen?!«

Der Vater fuhr also, und schließlich fand er auch seinen Stoffhund, er fand genau den Hoppelpoppel. Er war lange umhergelaufen, er hatte viel Fahrgeld ausgegeben, aber: Heute nacht wird Tom endlich wieder ruhig schlafen.

Der Vater war so glücklich über den kleinen Hund, am liebsten hätte er aller Welt Gutes getan. Da war im Abteil ein Kind, es war natürlich kein Kind wie der Thomas, nein, sondern ein dunkles, blasses Kind, es war ein meckriges Kind, es war ein schwieriges, störendes Kind, aber es war ein Kind... Es saßen noch zwei Herren im Abteil, das hielt den Vater nicht ab, er machte Kuckuck mit dem Kind, er lenkte es ab, er half der Mutter, so gut er konnte, aber es verschlug nichts, es blieb ein schwieriges Kind.

Der Vater nahm aus dem Netz das kleine braune Paket, das Kind sah zu. Er schnürte langsam das Paket auf, das Kind sah genau hin.

Was da wohl drin ist?

Er faltete das Papier auf, ließ ein bißchen sehen, mehr.

»Hoppelpoppel«, sagte der Vater ernst.

»Wauwau«, antwortete das Kind selig.

Es wurde nun doch eine sehr gute Bahnfahrt. Siehe, der dicke brummige Herr in der Ecke war ein rechter Großvater, er zog den Hoppelpoppel auf der leeren Bank zu sich hin.

Hoppelpoppel hoppelte. Der Vater zog ihn am Schwanz, zurück. Das Kind jauchzte.

Manchmal ging eine kleine Sorgenwolke über des Vaters Herz. »Wie weit fahren Sie?« fragte er die Mutter des Kindes.

»Bis Neu-Bentschen. Und Sie?«

»Oh, ich muss viel früher raus. Ihr Junge wird ja den Hund bis dahin überhaben.«

»Das weiß ich nicht«, sagte die Frau. »Wenn er was liebt, dann liebt er es auch richtig.«

»Na, eine Weile fahren wir ja auch noch«, sagte der Vater nachdenklich und ließ den Hund bellen.

Der Vater kramte das braune Papier wieder vor und den Bindfaden. »Nun pass auf, jetzt geht Hoppelpoppel schlafen.«

Das Kind sah aufmerksam zu, aber dann, als der Hund im Papier verschwand, fing es an zu weinen. »Hoppäpoppä«, sagte es klagend.

Alle redeten auf das Kind ein, das Kind weinte stärker, der Vater sagte: »Ich brauche ihn ja schließlich nicht eingepackt mitzunehmen, er kann ihn ja noch den Augenblick halten ... «

Das Kind nahm den Hoppelpoppel in den Arm, es lächelte, es lächelte – lieber Himmel!, es war doch ein sehr ähnliches Kind...

Der Zug fuhr langsamer, der Zug hielt.

»Nun gib dem Onkel den Hoppelpoppel.«

Das Kind hielt den Hund fest.

»Willst du wohl artig sein, gibst du!«

»Aussteigen! «

»Du sollst den Hund loslassen! «

»Gib mir doch den Wauwau, bitte, bitte! Ich habe auch einen kleinen Jungen...«

»Sie wollen noch raus? Bitte, beeilen! « Alles ging durcheinander, das Kind weinte schmerzlich, der Schaffner schimpfte. Eine Hand (es war die Hand der Mutter) riß an der klammernden Kinderhand, das Weinen wurde lauter. Der Vater stand draußen mit seinem Hoppelpoppel, er dachte verwirrt: Wenn er was liebt, dann liebt er es auch richtig...

Der Zug fuhr an, der Vater riß die Tür wieder auf, warf den Hund ins Abteil. Der Zug fuhr schneller, am Fenster waren Mutter und Kind zu sehen, das Kind hielt den Hoppelpoppel ...

Der Mann ging langsam durch den dunklen Wald nach Haus, er hatte es nicht eilig. Wenn er zu Haus ankommen würde, würde sein Junge grade ins Bett gebracht werden, er würde sehnsüchtig betteln: Hoppelpoppel! Der Mann bereute nicht, der Mann schalt sich nicht, er war nur traurig. Irgend etwas war nicht in Ordnung auf dieser Welt, irgend etwas stimmte nicht: Dem einen geben, daß der andere weint?

Der Mann schloß die Tür auf, oben krähte der Tom. Der Mann ging langsam und leise die Treppe hinauf, er hing leise den Mantel fort, er zog seine Hausschuhe an ... Schließlich mußte er doch die Tür aufmachen ...

Da aß sein kleiner Sohn am Tischchen den Haferbrei, und auf dem Tischchen stand der Hoppelpoppel! Der Hoppelpoppel mit einem langen, langen Zettel am Hals.

»Sieh nur, Mann«, sagte die Mummi.

Auf dem Zettel standen viele bahnamtliche Vermerke, aber da stand auch: »Zbaszyn (Bentschen). Kleine schwazze Hund, särr biese. Beißt ...«

»Kleine schwazze Hund, särr biese ...«, sagte der Vater langsam.

Komisch: plötzlich war die Welt wieder in Ordnung.

Quellennachweis:

Karl Heinrich Waggerl
»Und es begab sich«

Hans Fallada, »Lieber Hoppelpoppel«
aus: Märchen und Geschichten

Wir danken allen Inhabern von Urheberrechten für die Abdruckerlaubnis. Der Verlag hat sich darum bemüht, alle Inhaber von Rechten in Erfahrung zu bringen. Für zusätzliche Hinweise sind wir dankbar.